ON THE EDGE OF A SWORD

Kristiina Ehin
ON THE EDGE OF A SWORD
MÕÕGATERAL

Translated by Ilmar Lehtpere

PUBLICATIONS
2018

Published by Arc Publications,
Nanholme Mill, Shaw Wood Road
Todmorden OL14 6DA, UK
www.arcpublications.co.uk

Original poems copyright © Kristiina Ehin 2018
Translation copyright © Ilmar Lehtpere 2018
Translator's Preface copyright © Ilmar Lehtpere 2018
Copyright in the present edition © Arc Publications 2018

978 1911469 23 0 (pbk)
978 1911469 24 7 (hbk)
978 1911469 25 4 (ebk)

ACKNOWLEDGEMENTS
'Pikutad päikesepaistelisel pööningul' / 'You lie in the sunlit attic'
and 'Päike saeb teeraja pooleks' / 'The sun cuts the footpath in half'
first appeared in *In a Single Breath* by Kristiina Ehin,
published by Cross-Cultural Communication.

Design by Tony Ward
Printed in Great Britain by T.J. International Ltd,
Padstow, Cornwall

Cover photograph: © Kaari Saarma,
by kind permission of the photographer

The publishers gratefully acknowledge the grant received from the
Cultural Endowment of Estonia's Traducta programme
to support the translation of these poems.
They also acknowledge the financial help received from the
Cultural Endowment of Estonia (Literature)
towards the production costs of this book.

Supported using public funding by
**ARTS COUNCIL
ENGLAND**

Arc Publications Translations series
Series Editor: Jean Boase-Beier

SISUKORD / CONTENTS

Translator's Preface / 7

Biographical Notes / 111

To many English readers Kristiina Ehin will need no introduction. Since *The Drums of Silence*, her first book in English translation, was awarded the Poetry Society Popescu Prize for European Poetry in Translation ten years ago, she has gone from strength to strength. *The Scent of Your Shadow*, published by Arc, was named a Poetry Book Society Recommended Translation, and her work in translation has won or been short-listed for a number of other prizes as well. She has travelled extensively around the UK and Ireland reading her work and was invited to be the Estonian representative at the Poetry Parnassus festival that accompanied the London Olympics in 2012. The following year she and her husband, the musician Silver Sepp, were invited on a month-long tour consisting of twelve concert-readings in Toronto, Boston and New York.

However, what will come as news to most, if not all, of her readers abroad is that in Estonia she has spread her wings even wider and become a singer-songwriter and member of the very successful contemporary Estonian folk group, Naised Köögis.

The poems in *On the Edge of a Sword* have all been selected from Kristiina's latest collection, entitled *Kohtumised*, published in Tartu in the spring of 2017. It is the twelfth book of Kristiina's work to appear in my translation and it has been the most challenging so far for me as a translator, as so many of the mainly autobiographical poems in *Kohtumised* hinge on specific references to Estonian places, people and culture, most of which would mean nothing at all to non-Estonians. I have left out several poems I would have liked to include because I don't like to burden poems with footnotes and in any case footnotes would not be able to convey the subtle emotional significance that many of these references have for the Estonian reader. In other poems that I have included I have endeavoured to make the significance of these references clear in the translations themselves.

Kristiina's husband Silver plays a central role in many of these poems. He is a highly-esteemed musician who, in addition to more conventional instruments, plays some very unconventional ones as well, such as a bicycle wheel and washing bowls, along with other supremely imaginative ones of his own creation.

Kristiina says she hesitated a long time before deciding to bring people close to her into these poems without concealing their identities as she had done in her previous work. This of course lends the poems a sense of immediacy while making them as universal as any of Kristiina's work, in spite of the local allusions. Kristiina has said that there are "everyday mythical moments" behind these deeply personal, unflinchingly honest poems, and hence, like so much of her work, they are rooted in the spirit of folk song and folk tale, depicting life at its most elemental.

Indeed the detail accentuates that quality, while at the same time stressing the fragility of a small nation's language and culture in the face of age-old threats as well as unexpected new ones. In the opening of a poem that I haven't been able to include in *On the Edge of a Sword* Kristiina writes:

Looking for words
words in my own language
here in Europe's hinterlands
where it would be more fashionable to speak in a foreign
    language
more intelligent to read write learn get a degree
in a bigger language
and it would be sensible to take it all playfully...

This linguistic and cultural colonisation from without and within is a real, ever-increasing threat to smaller languages and cultures in our increasingly anglicised world. In her editorial in *Modern Poetry in Translation 1 / 2017*, Sasha Dugdale refers to the paradox of having to give voice to a colonised language and its literature by means of the colonial tongue. In recent years the feeling has grown in me that I am translating not only to make Estonian literature available to the English-speaking world and beyond, but also for future generations of Estonians living in an Estonia where the Estonian language may have been marginalized and where translations might shine a light on what has been lost and could still be regained. Linguistic, and hence cultural, diversity are as vital as biodiversity – they must be cherished and safeguarded before it is too late.

We often forget when we read a poem in translation that the original was written for readers of the author's native tongue who are familiar with the cultural context the poem was written in. The poems in *Kohtumised* that don't work in translation on the printed page will work very well indeed if Kristiina chooses to read them in English on her travels abroad, once she has introduced them to her audience and placed them in context, for she is a gifted performer of her work in the English language as well. For that very purpose I am translating them, too.

Thanks to Kristiina's queries and suggestions, these translations are better than they would otherwise have been. I would like to express my deepest gratitude to her for entrusting the translation of her work to me. In the past twelve years I have translated most of her work, both poetry and prose. It has been a most rewarding and exciting journey and I look forward with joy and anticipation to see where the road will lead in the future.

I would also like to thank Tony Ward, Jean Boase-Beier and Angela Jarman of Arc for the support they have offered to Kristiina and me throughout the years.

These translations are dedicated to my wife, Sadie Murphy.

Ilmar Lehtpere

9

ON THE EDGE OF A SWORD

ø

Pikutad päikesepaistelisel pööningul
sirutad end välja
valgus virvendab tolmustel palkidel
Elad päevalilleseemnetest
varastad terveid päevi
et olla endale lähemal
Jää sulab aia taga kraavis
ja lumi saab mereks

See kevad tiirleb kajakana linna kohal
ja maandub viimaks su katusele
Sul on peegeldus
sul on vari
oled vaba ja veel suudad sa
võidelda gravitatsiooniga

Ajas põleme tuhaks
kaduvik paneb kõdunema me luud
kuid seni ei lase me kellelgi
ennast kamandada

Päike teeb imet
teeb juuksed kuldseks
paneb varjud võitlema tegelikkusega
Hing tahab lahti
Päike teeb imet
teeb juuksed kuldseks
Vastu valgust on meie tuum tume
ja koor sädelev
Sa rändasid teisele poole maakera
et näha sekvoiat
Siis hakkasid igatsema mind
Aga vulkaanid olid käima läinud
Ja kuigi ma tegin sulle

ℒ

You lie in the sunlit attic
stretch yourself out
as the light flickers on the beams
You live on sunflower seeds
steal whole days
to be closer to yourself
The ice melts in the ditch beyond the fence
and the snow becomes a sea

This spring circles as a seagull over the town
and finally lands on your roof
You have a reflection
and a shadow
you are free and able
to fight against gravity

Time-bound we burn into ashes
transience makes our bones moulder
yet in the meantime we let no one
order us about

The sun works wonders
makes hair golden
makes shadows fight against reality
The soul seeks release
The sun works wonders
makes hair golden

Against the light our core is dark
and our shell shimmers
You wandered to the other side of the planet
to see a sequoia
Then you started missing me
But the volcanos had got going

seitsmepenikoorma
needsamused
ei saa sa tulla
Kuigi õmblesin sulle suure
surematusesärgi
ei mahu sa sellesse

Armas
oled vaba
nagu mina ja kajakas
Varastad terveid päevi
Sul on peegeldus
sul on vari
ja päike teeb juuksed kuldseks

And although I made you
seven-league boots
you can't come
Although I sewed you a huge
shirt of immortality
you don't fit into it

My dear
you are free
like me and the seagull
You steal whole days
You have a reflection
you have a shadow
and the sun makes hair golden

Tõelusetund
Kerin kootud boamao ümber piha
tõmban end verandale kerra
Tunnen südame kerisekivide igavest kuumust
Lepin liiva ja mullaga
madala multšise peenramaaga
kas või ihuüksi adra lükkamisega
et saada augustis mõnd ausat juurikat

Teesklusetund
Tahangi ennast maarahvana määratleda
Uurin juuri liiga lähedalt ja luubi all
Laulan madalalt ja astun raskelt
Sisendan endale et suve lõpus
tuleb veinikärbestega lihtsalt leppida

Tõelusetund
Olen päev otsa kleidiproovis
Külmetan Luke mõisa pargikohvikus
ainult selle pärast
et näha esimesi kollaseid vahtralehelatakaid
meelevaldses tuules
maa poole liuglemas

Teesklusetund
Tormine meri
Liiga terav kiviklibu
Mudane tiik millel põhja polegi

Tõelusetund
Meeleheitehoog üleeilse terrori pärast
Vasknaastud põllult leitud riideräbalas
Mis kihelkonna seelik?

ↄ

Reality hour
I wind a knitted boa round my waist
curl up on the veranda
I feel the eternal heat of my heart's sauna stones
I come to terms with sand and soil
a low mulchy vegetable patch
even pushing a plough all alone
to get some honest root vegetables in August

Pretence hour
I want to see myself as one of the countryfolk
I examine roots too closely and with a magnifying glass
I sing low and step heavily
I convince myself that at summer's end
we simply have to come to terms with fruit flies

Reality hour
I spend all day at a dress fitting
I freeze at Luke manor house's park café
so that
I can see the first broad yellow maple leaves
slide down to the ground
in the capricious wind

Pretence hour
Stormy sea
Shingles too sharp
A muddy pond that has no bottom at all

Reality hour
A surge of despair
because of the terror attack the day before yesterday
Copper studs found on a strip of cloth in a field
What parish was the skirt from?

Mitmendast sajandist?
Milliste sõdade vahelt?

Teesklusetund
Meil on vaja see mets maha võtta
Teha lageraiet
Laane talu maadel
Asfalteerida
Sõita lendorava pesapaigast
teerulliga üle

Tõelusetund
Laane talu hoone
lageraielankide vahel
Perenaine kes ütleb
        Küll iga mets kasvab ükskord tagasi

What century?
Between which wars?

Pretence hour
We have to cut these woods down
Clearfelling
on the lands of Laane (Woodland) farm
Lay asphalt
Drive over a flying squirrel's nest
with a steamroller

Reality hour
A Laane farm building
amid the clearfelling
The farmwife who says
     Sure enough every forest grows back one day

SAAREMAA VALSS

Sõidame läbi Sõmerpalu
On hiline hingedekuu
Laulame nutva beebi rahustuseks täiel häälel
Saaremaa valssi
Ma keeran rooli
ja mõtlen et kuidas küll nägi seda suveööd
kuldtärniga nooruke sõjamees
seal Saaremaa niitude kasteses süles
kus ta linalakk-neidu kätte ei saanud
Kas ajas vihale ka?
Ja mida ta pärast võis mõelda sellest saarest
kus neiu lasi ennast keerutada ja lennutada
aga kadus enne kui keegi arugi sai

Silver ütleb et näeb seal laulus hoopis seda
kuidas miinid lõhkevad ja see värskelt musi saanud sõdur
passib kaevikus ja saadetakse siis kahurilihaks

        Aga meil on ju praegu tuhandeaastane rahuriik
lohutab ta mind igaks juhuks
ja suudleb rõõmsalt õhetavale põsele
        Olid venelased aga enam ei ole ja ei tule ka
kinnitab ta

Mina vaatan abielusõrmust oma rooli keeraval käel
ja mõtlen kas sellise kuldtärniga saab veel kunagi
kättesaamatu olla
keerutatud lennutatud
ja ülejäänud elu tuliselt taga igatsetud
Ja samal ajal mõtlen et kuidas ta saab nii
rahuliku südamega rääkida
Eile ju alles oli uudis et Venemaa demonstreeris

SAAREMAA WALTZ

We are driving through Sõmerpalu
It is nearing the end of the month of all souls
We are singing poet Debora Vaarandi's old Saaremaa Waltz
at the tops of our voices to calm our crying baby
I am at the steering wheel
and wonder how the young soldier with the gold star in the song
saw that summer night
there in the lap of Saaremaa's dewy meadows
where he didn't get the flaxen-haired girl
Did it make him angry?
And what could he have thought afterwards about that island
where the girl let herself be spun about and flung aloft
but disappeared before anyone even noticed

Silver says he is more inclined to see shells exploding
in this song and that freshly kissed soldier
hanging about in a trench and then sent out as cannon fodder

    But we have a thousand-year-long peace now
he says just in case to comfort me
and kisses me cheerfully on my blushing cheek
    The Russians were here but not any more and they won't
      come either
he assures me

I look at the wedding ring on my hand as I turn the steering wheel
and wonder if it is ever possible with such a gold star
to be unattainable
spun around and flung aloft
and yearned for burningly a whole life long
And at the same time I wonder how he can talk
with such an unruffled heart
After all only yesterday there was news of Russia demonstrating

uut tuumaraketi lõhkepead
ja minul viis see uudis pooleks ööks une

Karula kõrgustikule jõudes käivad jõnksud
südame alt läbi
kui küngastest üle sõidame
Kaika tuulik on nii lagunenud et paistab läbi
Laps magab ikka veel õnnist und
Rõuge kandis on kaitseväe õppused
Otse teeristist rühib oma salgale järele
täisvarustuses kaitseväelane
Tahavaatepeeglist talle järele vaadates avastan
et ta on naissoost –
nooruke linalakk-neiu

See õhtu pole valge
ega kulu ruttu
Tagasi Tartusse jõudes mõtlen ikka
veel Vaarandi Saaremaa valsile
mõtlen Valgrele
kes ju kirjutas selle loo minooris
kuid pidi kõik käsu korras rõõmsakõlaliseks muutma
ja sellele kaitseväe linalakk-neiule kes seal raskelt
automaat seljas
teistele järele rühib
Ja ma ei saa aru kas me oleme kaitstud või mitte
Ja kuidas ühed on saanud silmist muretuid
sädemeid lüüa
ja sellisel heinamaal pidu pidada
kus hämarik koidule käe ulatab
samal ajal kui teised on rind ees lahingusse tormanud
vaenlasi keerutanud ja lennutanud
või hoopis kibedalt kaotanud

a new nuclear warhead
and the news robbed me of half a night's sleep

When we reach the Karula uplands a few jolts
pass through under my heart
as we drive over the hillocks
Kaika windmill is so ramshackle you can see through it
Our child is sleeping blissfully and
there are defence forces exercises going on in the Rõuge area
From a crossroads a fully-equipped soldier
trudges along behind the others
Looking into the rear-view mirror I discover
the soldier is female –
a young flaxen-haired girl

This evening isn't light
nor does it pass quickly
When we get back to Tartu I am still thinking
about Vaarandi's Saaremaa Waltz
I think about the composer Raimond Valgre too
who wrote the music in a minor key
but was then forced by the authorities to make it all sound
    cheerful
and about that flaxen-haired army girl there
trudging along after the others
with an automatic on her back
And I don't understand if we are defended or not
Or how some have been able to strike carefree sparks from
    their eyes
and make merry like that in a meadow
where dusk reaches out its hand to dawn
while others have stormed chest out into battle
spun their enemies about and flung them aloft
or else suffered bitter loss

enne kui arugi said
andnud ennast kätte kaitseliidule
kuldtärniga noorukesele sõjamehele
ulatanud oma hurmavad huuled
keeranud ette teise
õunapuuõiena
õhetava põse

before they even noticed
given themselves to the defence forces
to a young soldier with a gold star
offered bewitching lips
turned the other
apple-blossomed
blushing cheek

∅

Miks iiri keelt nii vähe räägitakse?
küsin hallipäiselt iiri daamilt
kes enam oma
ema- ja isakeelt ei räägi
        Kõigepealt tulevad väljendid
sõnab ta mõtlikult
        Sõnad ja väljendid
        mis tunduvad õigemad
        õigemad ja moodsamad
        inglise keeles
        Siis enam ei otsitagi
        Ja lõpuks läheb nii
        et ei peetagi vajalikuks
        peetakse täiesti ebavajalikuks ja isegi kahjulikuks
        õpetada lastele keelt
        milles miski ei kõla enam õigelt ja moodsalt
        moodsalt ja värskelt
vastab ta pause pidades ja otsekui silmadega kohvikuseintelt
õigeid sõnu otsides

        Aga kuidas saab üks keel muutuda ebamoodsaks?
küsin otsekui saatuselt
saatuselt ja ajaloolt
ajaloolt ja inimkonnalt
inimkonnalt ja jumalalt

Iiri vanadaam ei vasta
Võib-olla ta ei tea
Nagu minagi
Nagu vist jumalgi

Ta silitab mõtlikult sõrmedega kuldkella oma randmel

Why is so little Irish spoken in Ireland?
I ask a grey-haired Irish lady
who no longer speaks
her mother and father tongue
First of all come expressions
she says pensively
Words and expressions
that seem more apt and more modern
in English
Then you don't bother to seek them anymore in Irish
and finally
it isn't even thought necessary
it is regarded as unnecessary and even harmful
to teach children a language
in which nothing sounds apt or modern anymore
modern and fresh...
she answers pausing from time to time
seeming to look for the right words on the café walls

But how does a language become outmoded?
I ask her and fate
fate and history
history and humankind
humankind and God

The old Irish lady doesn't answer
Maybe she doesn't know
Like me
Like God probably

Pensively she strokes the gold watch on her wrist
with her fingers

Aga mulle meenub et alles üleeile
ütles üks mu eestlasest sõber ühe raadiointervjuu
kohta et
oli see vast *statement*
    Statement? Ütle parem
    et ta ütles julgelt välja
    kehtestas ennast või kuulutas...
pakkusin püüdlikult
    Hea küll
    kuigi see kõlab naljakalt
    isegi valesti
vastas tema
    Valesti ja... ebamoodsalt

But I am reminded that just the day before yesterday
an Estonian friend commenting on a radio interview said –
    using the English word – that they were probably making
    a *statement*
        Statement? why not say in Estonian
        something like *said boldly*
        asserted or *announced*
I suggested painstakingly
        Very well
        although it sounds funny
        even wrong
my friend answered
        Wrong and... outmoded

SAN FRANCISCO NORTH BEACH

Lähen oma mehega bordelli ukse eest mööda
ja pikad pruunid prostituudid
meelitavad teda kunstripsmete välkudes
    Hey sweety tule veedame aega!
Ja isegi minu haldjasilmne mees jääb tagasi vaatama
Ta naeratus muutub natuke totakaks
ja samm peaaegu et tantsuks

Kohe pärast seda läheme kõrvalmajja pitsat ostma
ja mu mees lööb korraga kõigile pitsatüdrukutele külge
sellele kes müüb
sellele kes pitsa ahjust välja võtab
ja sellele kes niisama vahib
Küllap nad on sellega harjunud
et kõik kes pärast neid pikajalgseid ja pruune
siia sisse põikavad
on kuidagi eriti mehed
Tüdrukud naeratavad malbelt
ja löövad silmad maha meie pitsadelt nõrguvasse juustu

Mina tunnen ennast äkitselt nagu ürglooduses
kuigi pilvelõhkujad sirutuvad kuu poole
ja üksikud puud istuvad kuulekalt pargivanglates
Tunnen ennast natuke töntsaka Rapla tüdrukuna
kelle Tarzan on džunglisse kaasa võtnud
Vaatan vasikasilmil loodusseadustega tõtt

IN NORTH BEACH SAN FRANCISCO

My husband and I walk past a brothel
and the tall tanned prostitutes
with their false eyelashes fluttering try to entice him
    Hey sweetie come spend some time!
And even my elfin-eyed husband stops to look back
His smile becomes a bit gormless
and there is something of a dance in his step

Then we go straight into the pizzeria next door
and my husband chats up all the pizza girls at once
the one serving
the one taking pizza out of the oven
and the one just standing around
They must be used to it
that with those tall tanned women hanging about outside
everyone who drops in here
is somehow particularly male
The girls smile meekly
and cast their eyes down at the cheese oozing from our pizzas

I suddenly feel enveloped by primeval nature
although skyscrapers are stretching towards the moon
and solitary trees sit obediently in their city-park prisons
I feel a bit like a podgy small-town Estonian girl
who Tarzan has taken off to the jungle
Calf-eyed I stand face-to-face with the laws of nature

DIE' LINNAS

1

Loksusime kohale
käänulisi teid pidi
jõgedest üle
kasside ja kanakarja vahelt
suurte raudteesildade alt läbi
Die'-nimeline linnake enne Prantsuse Alpe
oli kutsunud külla hulga eesti kirjanikke ja muusikuid

Juba seal istubki viigipuu all Jaan Kaplinski
ja maitseb veini
mille Prantsuse kuningas kunagi
olevat ära põlanud –
selle maitse meenutanud talle liialt
siitkandi karult saadud haavu

Jaan ei põlga
ega poolda
Ta istub ja maitseb
ning ütleb et selg sai eile mungakongis kirjutades
külma
Kui me Silveriga tal kaelasooni mudime
seletab ta et tema mulgi vanaema nimetanud seda
soonte tasumiseks

Sooned said tasutud
ja kohalik vein maitstud
Suure seltskonna jutuvadas
räägime Karksi regilaulikutest
Jaan pajatab kuidas ta käinud kuuekümnendatel
ülikooli peahoones Grete Jensi
Mari Sarve ja Kadri Kukke kuulamas
Need olid korraks linna üliõpilastele

IN THE FRENCH TOWN OF DIE

1

We rattled in
along twisting roads
over rivers
between cats and flocks of chickens
under big railway bridges
The little town near the French Alps called Die
had invited a whole lot of Estonian writers and musicians to visit

And already sitting there under a fig tree is poet Jaan Kaplinski
sampling wine
that the King of France was said to have once
heaped scorn upon –
its taste had reminded him too much
of wounds he had received from a local bear

Jaan doesn't scorn
or speak for it
He sits and sips
and says his back caught a chill yesterday while he sat writing
in his monk's cell
As Silver and I knead his neck muscles
he tells us his South-Estonian grandmother called that
requiting muscles

Muscles got requited
and the local wine sampled
Amid the chatter of the big crowd
we talk about runo-song singers from Karksi
Jaan tells us how in the sixties he went
to hear the runo-song singers Grete Jens
Mari Sarv and Kadri Kukk at the university
They had been brought in for the town's students

vaadata-kuulata toodud
    Nad olid nii monotoonsed
    et tundetult kandsid nad oma laulud ette
meenutab Jaan
Juba ümiseb ta üht meeldejäänud viisi
ja lisab et siis lauldud veel
"Haned kadunud"
mille viisi ta ei mäletavat
Aga mulle tuleb see läbi aegade udu meelde
ja ümisen Jaanile ja Silverile

    Muile muile eidekene
    muile anti muuda tööda
    sulastele suurta tööda
    Mulle anti alba tööda
    aned oida kanad kaitsta

Nad ümisevad kaasa seal seltskonnamelus
Alpide jalamil
ööhakul
viigipuusahinas

Ikka jälle on meil mingi eesti asi ajada
enne kui sukeldume seltskonda
vaatame silma suurele ilmale
selgitame
Üks muldvana laul
enne suuri ja stiilseid
pisut üleolevaid üldistusi
enne alati nii valusat põrkumist
vastu keelebarjääre

to see and hear them
　　They were so monotonal
　　they performed their songs without any feeling
Jaan recalls
He is already humming a tune he remembers
and adds that they also sang
"Geese gone astray"
the tune of which he doesn't remember
But it comes back to me through the mists of time
and I murmur to Jaan and Silver

> *The others the others old mother dear*
> *the others were given other work*
> *farmhands given weighty work*
> *I was given worthless work*
> *care for geese and keep the hens safe*

They murmur along with me there in the social hubbub
at the foot of the Alps
at nightfall
to the rustling of a fig tree

Again and again we have some Estonian matter to discuss
before we dive into the company
look the big wide world in the eye
explain
A song as old as soil
before grand and stylish
slightly condescending generalisations
before the always so painful thud
against the language barrier

2

Siin majas on must kass
endise kassi Mefistofelese poeg
Kiisu kõnnib tasahilju trepi käsipuid pidi
ja vaatab külalised üle
Prantsuse peremees ja perenaine naeravad iga asja peale
Nii mõjuvad nad päris noortena
Tulime eile öösel jalutades läbi linnakese ja taamal
mäeküljel vilkus üks aknatuli
Mõtlesin kas seal peatubki Jaan
kas seal ongi ta külm mungakamber

"Haned hoida" –
see on inimhinge hoidmise laul
ütles ta eile üle laua kaugusse vaadates

Mulle anti aned hoida
aned hoida kanad kaitsta
Tuli tuuli mujalt maalta
pikken põhjasta põrudi
Ajas mu aned vesilta
lestajalad lepikusta

Alles olin ise nii kindel
et elu on ees

Siis juhtus seda ja toda
Tuuled puhusid läbi
Pikne murdis maha mõned lapsepõlvepuud
Haned lendasid ära
kanad kadusid

2

There is a black cat in this house
the previous cat Mephistopheles' son
The moggie walks softly along the staircase handrail
and looks the guests over
The French landlord and landlady laugh about everything
and so make quite a young impression
We came last night on foot through the little town and in the distance
on the hillside a lit window glimmered
I wondered if that was where Jaan was staying
was that his cold monk's cell

"Geese to care for" –
that's a song about caring for the human soul
he said yesterday looking over the table into the distance

I was given geese to care for
geese to care for hens to keep safe
winds blew in from other lands
lightning thundered from the north
Drove my geese away from water
webfeet from the alder trees

I had only just been so sure myself
that life lay before me

Then this and that happened
The winds gusted through
Lightning struck down some of my childhood trees
The geese flew away
the hens vanished

Ülejäänud elu otsid
sulgud oma mungakambrisse
Seltskonnalärmis otsid mõnd mõttekat kõnelust
silmad ekslemas vana viigipuu lehtedes
Otsid mõtet päevale
mõtet sellele sügisele
mõtet kokkusaamisele
siin lavendlilõhnalises öös

Silver mudib taas Jaani kangeid õlasooni
Jaan meenutab mulle äkki kangesti mu isa

Tulge sööma lapsed haned mehed külalised
viinamäeteod
Kuldnokad ploomiussid hulkuvad kassid
esivanemate hinged
lumelinnud männid ja naerukajakad
Tulge sööma et ikkagi elus püsida
Liiga kaua üksi olles hakkab külm
Mungakambris on veeklaasil hommikuks jääkirme
ja hingel on üksinda jahe

For the rest of your life you seek
shut yourself in your monk's cell
Amid the social racket you seek some meaningful conversation
eyes straying in the leaves of an old fig tree
You seek a point to this day
a point to this autumn
a point to getting together
here in the lavender-scented night

Silver again kneads Jaan's shoulder muscles
Jaan suddenly reminds me terribly of my father

Come and eat come children geese men guests
vineyard snails
Starlings plum-worms stray cats
souls of ancestors
snowbirds pinetrees and laughing gulls
Come and eat to stay alive
It gets cold being alone too long
The glass of water in a monk's cell has a film of ice on it by
    morning
and a soul alone feels the chill

Kas ka mina olen üks neandertallase kehaga
kuid nutitelefonistuva ajuga vennike
kes ei saa ega saa enam endaga kokku?
Kuulame "Ööülikoolist" Mikitat
libiseme läbi Lõuna-Eesti tärkavate padrikute
ja ma ei tea kas sa üldse mäletad
et täna kolmkümmend kaheksa aastat tagasi
sündisin
kuskil seal
Rapla jäätisekioskide
vorstisabade
Mahlamäe hruštšovkade
kahe torniga kiriku ja viilkatusega
alevimajade maastikul
Aga see käänak siin oli see koht
kus ma lapsena hunte nägin
kui ühelt suguvõsa kokkutulekult
Žiguliga koju kihutasime
kui väike õde karjus
ja kunstpiim oli otsas
ja isa laulis esipingil kõigi närvide rahustuseks
Tiiiiiina tule süga mu selga
Siis täid jäävad nälga
Ja lasevad jalga
Sest ilma sinuta…
Ja ema lisas rõõmsalt gaasi
ega märganud
kuidas emahunt poegadega
teekraavist võssa putkas
Ma ei hakanud teisi veenma
ega öelnud ma seda nüüd sinulegi

ø

Am I too the sort with a neanderthal body
but smartphonifying brain
who just can't and can't get together with herself anymore?
We listen to a radio lecture by the semiotician Valdur Mikita
as we slip through burgeoning South-Estonian thickets
and I don't know if you remember at all
that thirty-eight years ago today
I was born
somewhere over there
in the landscape of Rapla ice-cream kiosks
sausage queues
Soviet blocks of flats in Mahlamäe village
a twin-steepled church and
gable-roofed market-town houses
But this bend in the road here is where
I saw wolves once as a child
when we were speeding back home
in our Žiguli car from an extended-family get together
My little sister was screaming
and the formula milk was all gone
and Father was singing in the front seat to calm everyone's nerves
Tiiina come scratch my back
then the fleas will die from lack
of food and make a break
because without you…
and Mother cheerfully put her foot down
not noticing
how a mother wolf and her cubs
darted from the roadside ditch
into the undergrowth
I didn't try to convince the others then
or even tell you now

et oli oli
päriselt
emahunt poegadega

Isaisade kolkaküladest läbi libisedes
surusin huuled kokku
hoidsin ennast vaos
Mida ma ikka tean
huntidest ja esiisadest
Mida tean endastki
Olen ikka veel savanniprimaad
Kardan ämblikke usse ja pimedust
üksindust kõige enam
Juured Urvaste pinnakumerustes
valgete võhumõõkadena Võhandu põhjamudas kinni
Järvevähk olen –
kui kellestki hoolin
võtan tagurpidikäigu
vaikin rohkem kui juhututtavaga
lihtsalt loba ei aja

Vihm hakkas vastu esiklaasi trummeldama
Lugesin ööd ja kaksindust
Kuulsin et sa hingad nagu suur mees
ja minu käekott lõhnas melissi järele
Ma lõhnasin ja sa hingasid
Ja vihma sadas
kuni Tartuni välja
Tajusin vana moodi uhiuut
ja tahtsin küsida
kas mäletad seda virmalistega märtsiööd
musttuhat aastat tagasi
siin Tartu taga põllul
kui sõitsin taevasse vaadates

that it was it was
really
a mother wolf and her cubs

Slipping through forefathers' backwater villages
I pressed my lips shut
kept myself in check
What do I know anyway
about wolves and forefathers
What do I even know about myself
I'm still a savannah primate
I am afraid of spiders snakes and the dark
loneliness most of all
Roots in the undulations of Urvaste ground
fixed as white irises in the bottom mud of Võhandu river
I am a crayfish –
when I care for someone
I go into reverse
I keep quiet more than I do with a casual acquaintance
I just don't chatter

Rain started drumming on the windscreen
I read the night and twosomeness
I heard you breathing like a big man
and my handbag was redolent of lemon balm
I had a scent and you breathed
And it rained
till we reached Tartu
I sensed as of old something brand-new
and wanted to ask
if you remembered that March night with the northern lights
thousands of years ago
here in a field outside Tartu
when looking at the sky

rattaga vastu suurt kivi
Aga vaikisin seni
kuni jõudsime koju

Pimedas verandatrepil
võtsid ühest peidupaigast minupikkused gladioolid
siis hakkasid tikripõõsastes laulma ühendkoorid
lõke süttis ja
ja taevasse sisises saluut
Ehmatasin poolsurnuks
Ütlesid palju õnne
ja veel midagi mida ma ei kuulnud
sest seda ütlesid ainult su silmad
selles vihmas ja lõhnas

I rode my bicycle into a big stone
But I said nothing
till we got home

On the dark veranda steps
you took gladioli as tall as me from their hiding place
and then from the gooseberry bushes the united choirs
    started singing
a fire was lit
and a firework hissed into the sky
I was startled half to death
You wished me happy birthday
and said something else I didn't hear
because you said it with your eyes only
in that rain and redolence

VISBY

1

Üksindus ja ilu
hingetäied tumesinist õhtut
soolasest tuulest läbi imbunud varrukaid
merikarpe ja päevitunud ihu
Rannarohust pärleid
mis keerduvad kaela niiskeid kumerusi mööda
rahulikku külitamist liival
mis tavaliselt neelab

Põlvita mu ette
ütleb elu
Vaatame
vastan ja
vaikin

Jälle koristan laua ja laon nõud masinasse
tekitan tormi meie suhte pesukausis
millel sina armastad mängida

Su sõnad on vaiksed ja valusad
ja õhkavad üürikest suve
hallaöödesse haihtuvat suminat ja kanarbikuõiemett
Su pilk tuletab mulle meelde
et armsaimgi ujumiskoht külmub kord kinni

Sammaldunud paadisillal
pakin rabarbrikoogi küpsetuspaberist lahti
ja tuuleiil heidab tuhksuhkru otse vastu su paljast kõhtu

Jälle saad sina paljas ja ilus olla!
Katan su päevitunud kõhu suhkru ja suudlustega
ise kampsunis ja tagis

VISBY

1

Solitude and beauty
breathfuls of dark blue evening
sleeves permeated with the salt wind
seashells and suntanned body
Beachgrass pearls
winding along the damp curvatures of my neck
peaceful reclining on the sand
that tends to swallow up

Kneel before me
says life
We'll see
I answer and
say no more

Once again I clear the table and fill the dishwasher
stir up a storm in our relationship's washing bowl
that you love to play as a drum

Your words are soft and painful
and exude fleeting summer
the hum fading into frosty nights and heather blossom honey
The look in your eyes reminds me
that even the best-loved swimming place one day freezes over

On the mossy pier
I unpack rhubarb cake from baking paper
and a gust of wind blows icing sugar onto your bare stomach

Once again you get to be naked and beautiful!
I cover your suntanned stomach with sugar and kisses
I am in a jumper and jacket

pikas helkivas suvelõpuseelikus
mis loob tunde nagu polekski mul jalgu
ainult see suur hõbesoomustes kalasaba
all igavesti valutava südame

Suhkru ja suudlustega...
Soomusega... kõige õrnem ihu
ükskõiksusekilbiga
korrakski kinni katta
valutav süda...

Sa kutsud mind kõik hilbud paadisillale heitma
tahad lähemalt näha mu soomusesillerdust
tunda mu ihu ilu ja hingust

Aga minul on äkki külm
On lõikav november
lootusetu sügis
ja ma pagen
kalasaba laperdades meie metsaonni sooja

Mändidel on lahtised vaiguhaavad
ja seinadki lõhnavad sammaldunud paadisilla järele

Sina sukeldud üksi meie lemmikkohta
pesed maha mu suhkru ja suudlused
Aga kuhu võiksin mina panna oma soomused
ja kes seoks mändidel haavad?

and long glittering end-of-summer skirt
that makes it seem as if I have no legs
only this big silver-scaled fishtail
below an eternally anguished heart

With sugar and kisses…
with scales… the most delicate body
with a shell of indifference
to cover up if just for a moment
an anguished heart.

You invite me to take all my clothes off on the pier
you want to get a closer look at the shimmer of my scales
feel my body's beauty and breath

But I suddenly feel cold
It is piercing November
hopeless autumn
and I flee fishtail flapping
into the warmth of our forest hut

The pinetrees have open resin wounds
and even the walls smell of the mossy pier

You dip into our favourite place
wash off my sugar and kisses
But where can I put my scales
and who will bind the pinetrees' wounds?

2

Kevad läheb mööda
kallis
Läheb mööda
aga praegu ta alles algab –
meile silmailuks
südamevaluks

Väikeste pruunide puumajade vahel
viib kitsuke sirelitesse uppunud umbtänav
meid läbi kibuvitsavõsa murenenud treppideni
Sinna murrame välja –
mees ja naine –
nagu suur merelind
Mina – ta üks tiib
ja sina – teine
Aga armastusel on metsalinnusüda

Astmeid pidi alla minnes ütlen
    Vaata
    seal kauge silmapiiri taga
    on su Saaremaa!

Sul on kilekotid toidukraamiga mõlema käe otsas
ja sa ütled
et nüüd läheks vaja
kilekotikandmise kaelkookusid

Vaatan sind laiaõlgset silmanurgast:
lasen sul rõõmuga teha seda ainukest
meestetööd
mis siin uueks saanud maailmas veel leida on

2

Spring passes by
my love
It passes by
But now it is only just beginning –
to please our eyes
and pain our hearts

Between the small brown wooden houses
a narrow dead-end lane drowning in lilacs
leads us through a brier thicket to crumbling steps
There we break through –
man and woman –
like a big seabird
Me – one wing
and you – the other
But love has a forest bird's heart

Going down the steps I say
        Look
        there far beyond the horizon
        is your Saaremaa island!

You have plastic bags full of groceries in both hands
and you say
that right now you could do with
a plastic-bag-carrying yoke

From the corner of my eye I look at you with your broad shoulders
and let you happily do the only
men's work
still to be found in our brand new world

Sina
Saaremaa seppade poeg
näitad nüüd mulle seda saart
Räägid
kuidas te siin lõhkusite ja röövisite
ja mitu südant sa murdsid

Nuusutame tõrvatud puumaju
imeme endasse läänepäikest
tõmbame otse kopsu
selle karmi saare mesimagusat lõhna

Taamal puude ladvus
lappab tuul
armastuskirjade lehti

Sa viid mu vanade paplite alla
kõrgel kaldapealsel
Ütled
et siin on nutetud
suure armastuse pärast
leinatud noorust
mis kaob käest
nagu kevad
Siin on terve elu
merele vaadatud
ja meest koju oodatud

Su silmad on helesinised ja süüdimatud
ja sisendavad mulle
        Mees võib minna ja tulla
        naine oodaku ja armastagu

You
the son of Saaremaa smiths
show me this island now
You tell me
how you all once ravaged and plundered here
and how many hearts you broke yourself

We smell the tarred wooden houses
and absorb the western sun
draw this harsh island's honey-sweet smell
straight into our lungs

Up there in the treetops
the wind flips through
the leaves of love letters

You lead me under the poplars
on the high embankment
You say
that here there has been weeping
for great love
and mourning for youth
that slips from the hand
like spring
Here entire lives have been spent
looking out to sea
waiting for a man to come home

Your eyes are light blue and innocent
and insinuate
        A man can come and go
        let a woman love and wait

Vastan
Ühe tiivaga lind ei lenda
Kui murrad mu südame
kallis
maksan kätte

I answer
A bird with one wing can't fly
If you break my heart
my love
I'll make you pay

∅

Ma valetasin kui meelitasin sind
    Tule tule Tartusse
    teeme koos toredaid asju
    lähme Ahhaasse ja Aurasse ja võib-olla isegi
    kala püüdma
kuigi teadsin täiesti kindlalt
et seda ei suuda ma orgunnida
ja paljas mõte sassis tamiilidest
pöidlasse lõikuvast konksust
ning kilkeid tekitavast siplevast kiisapojast
kelle huul tuleb ruttu terariistast vabastada
tekitab minus õudusteõhtu jubedusjudinaid

Aga ma valetasin ja meelitasin
et sind vanaema juurest autosse saada
ja Tartusse jõudes ütlesid sa kohe
    Lähme nüüd kalale

Ma kangestusin ja vahtisin sind valeliku kalapilguga
    Ära seda minult nõua
palusin
Ma pole praegu suuteline mingiks kiisaküttimiseks
särjesõjaks ja haugihukkamiseks
Ma olen pärast eluohtlikku Tallinna-Tartu maanteed
läbipõlemise äärel
väsinud ema
kes tahaks rahulikult
küsida peeglisse vaadata
minna maniküüri
lugeda joosta
ennast lõdvaks lasta
tunda et pere on koos ja midagi ei pea

I lied when I enticed you
  Come come to Tartu
  we'll have lots of fun together
  we'll go to the science centre and swimming and maybe
    we'll even
  go fishing
although I knew for sure
that I wouldn't be able to sort that out
and the mere thought of tangled fishing lines
a hook cutting into a thumb
and a shriek-inducing wriggling tiddler
whose lip has to be freed quickly from that razor-sharp implement
aroused in me the shivering dread of an evening of horrors

But I lied and enticed
you from Granny's into the car
and as soon as we got to Tartu you said
  Let's go fishing

I stiffened and looked at you with false fish-eyes
  Don't ask that of me
I pleaded
I'm just not up to hunting down a ruffe
warring with a roach and putting a pike to death
After the death-defying journey on the Tallinn-Tartu road
I am a tired mother
on the brink of burn-out
who would quietly like to
look into the mirror
go for a manicure
read go running
take it easy
feel that the family is together and there are no musts

Aga sina oled poiss ja tahad tappa
kui mitte kala siis
vähemalt valetajat
Sa oled peegel kes ütleb mulle
armutut tõtt

But you are a boy and you want to kill
if not a fish then
at least a liar
You are a mirror that tells me
the merciless truth

VORMSI

1

Tuul prõmmib ust kinni ja lahti
Kirsid pole veel valmis

Päike näitab end ainult korraks
katsu siis päevitada
Oli külm kevad
Ja kõle kesksuvi
August pole veel alanud
ja armastus teeb haiget

Sinul on viiul
kuhu valada oma rahutus
Mina olen kaotanud oma karmoška
Panin ta kuhugi kindlasse kohta ära
ja nii ta kaduma läkski

Tuul räägib puulatvade kaudu
lapsed puhuvad plastmassflööti
Puuke ja sääski see eemal ei hoia
aga meid hoiab see koos

Meie plaanid
maanduvad hetkeks vihmaveetünni pinnale
nagu suured sinised kiilid
ja jäävad nõiutult kuulama
flöödiviisi
sellest lihtsast ja ilusast
kõledast ja
rahutust
suvest

VORMSI ISLAND

1

The wind bangs the door open and shut
The cherries aren't ready yet

The sun shows itself only for a moment
just try to sun yourself
It was a cold spring
and a miserable midsummer
August hasn't started yet
and love hurts

You have a violin
to pour your restlessness into
I have lost my garmoshka accordion
I put it away somewhere safe
and that is just how it got lost

The wind talks by way of the treetops
the children play a plastic flute
It doesn't keep the ticks and mosquitos away
but it keeps us together

Our plans
land for a moment on the surface of the rainwater barrel
like big blue dragonflies
and stay bewitched to listen to
the flute tune
of this simple and lovely
miserable and
restless
summer

2

Ööbime vanas tallis
millest on tehtud külalistemaja
Kõikjal on ketikonkse
Suur hallikaslilla maakivisein õhkab rõskust
sulepadi vastu põske tundub
hea ja üürike nagu Lumivalgekese pärisema pai

Arvan ekslikult et laps juba magab
        Ema
        räägi neist hobustest
        kes siin kord elasid
        Kas neil olid varsad ka?
kuulen tasast küsimust tekkide vahelt

Täiskuu läbipaistev nägu
kiikab räästaalusest aknast sisse
Ja juba ma jutustan
täiskuule ja sulle mu laps
ühest märast
kes siin kord oma varsakesega elas ning
kannatas välja raske põllutöö
ja emaarmastuse
mis rebib hinge seest

Jutustan kuni silmapiir kaob
Loojangu ja koidu vahel
on üürike hetk
kus võib näha läbi aja
läbi pimeduse
ja emasüdame

2

We are staying in an old stable
that has been converted into a guesthouse
There are chain hooks everywhere
The big greyish-purple granite wall exudes dankness
the feather pillow against my cheek feels
good and ephemeral like the caress of Snow White's real mother

Mistakenly I think my son is already asleep
    Mum
    tell me about the horses
    that used to live here
    Did they have foals too?
I hear the quiet question from between the blankets

The full moon's transparent face
peeps in through the window under the eaves
And already I am telling a story
to the full moon and you my child
about a mare
that used to live here with her little foal
suffered heavy farm work
and mother love
that tears the soul out

I go on telling the story till the horizon disappears
Between sunset and dawn
there is a fleeting moment
where you can see through time
through darkness
and a mother's heart

3

Hommikul valgeid ühepäevaliblikaid...
Aia taga kõigub kõrge hein
Lapsed solberdavad roostes vihmaveetünnis
ja enne kui jõuan neid keelama
jõuavad nemad tunda selle päeva
mõnusamaid hetki

Ei jälgegi kuust
ega muinasjutust

On sihvakad sibulavarred
ja herilaste sumin
On vanad pulmafotod maakivist seintel
tallis millest on saanud külalistemaja
Mahalöödud silmadega pruut
keda toodi ja viidi
ajal kui abielud olid veel
ahtad ja igavesed
ja tallidest ei tehtud turismitalusid

On herilaste sumin
ja ühepäevaliblikad
ning minu kasvav ja aegade taha ulatuv
rahutus

Silmapiir on ikka veel paokil
ja ma näen äkki kuidas see muinasjutt lõpeb

Mu päevitustekk on lendav tõld mida kannavad
kiilid
Mära ja tema varsake
on muinasjutuhobused

3

In the morning white dayflies...
Beyond the fence the long grass sways
The children splash about in the rusty rainwater barrel
and before I am able to forbid them
they are able to feel this day's
most pleasurable moments

Not even a trace of the moon
or a fairy tale

There are slender onion stalks
and hornets buzzing
There are old wedding photos on the granite walls
in the stable that has become a guest house
A bride with downcast eyes
who was brought and taken
at a time when marriages were still
narrow and forever
and stables weren't turned into tourist farms

There are hornets buzzing
and dayflies
and there is my growing restlessness reaching
beyond time

The horizon is still open a crack
and suddenly I see how this fairy tale ends

My sunbathing blanket is a flying carriage drawn by
dragonflies
The mare and her foal
are fairy-tale horses

peaaegu et ükssarvikud
kes elavad ikka veel
nende maakiviseinte vahel
siin igavese suve saarel
Ja korrakski
ei tee armastus haiget

almost unicorns
who still live
between these granite walls
here on the island of eternal summer
And not even for a moment
does love hurt

Sel suvehommikul sõprade talus ärkan
kassi kräunumisest akna taga
Teen silmad lahti ja vaatan tõtt triibulise noore
kiisuga teispool klaasi
Lase sisse! Miks olete mind ööseks
välja unustanud! Kaste on vastikult märg!
Ühtegi öist sulelist ei õnnestunud püüda!
Lase sisse ja anna süüa – kala ja krõbinaid
Tahan ruttu piima ja pai!

Küünitan käe aknalingini Tunnen une
ja üheksanda kuu raskust

Kass hüppab aknalaualt otse mu voodisse
Nurrudes hõõrub ta ennast vastu mu suurt kõhtu
ning põntsutab sabaga paar korda
vastu mu küljeluid

Ja see kes on mitu päeva vait olnud
keda olen pidanud juba liiga suureks ja küpseks
et liigutada
ning kõhusügavusest korraks käega viibata
varbaga tonksata
paneb ootamatult paar kõva põntsu kassile vastu
Võib-olla nurrub temagi
sellest hommikusest tähelepanust
ja nurub veel

Kiisu hüppab tagasi aknalauale ja
kaob aeda
Vargsi volksab ta sealt kasvuhoone taha metsa

℘

On my friends' farm on this summer morning I am awakened
by a cat's yowling outside the window
I open my eyes and am face-to-face through the glass
with a young striped pussycat
    Let me in! Why did you leave me
    outside all night! The dew is disgustingly wet!
    I didn't manage to catch a single nighttime feathery
       creature!
    Let me in and feed me – fish and cat food
    I want milk and cuddles now!

I reach out for the window latch
I feel the heaviness of sleep and my ninth month

The cat jumps from the windowsill straight onto my bed
Purring it rubs itself against my big stomach
and thumps its tail a few times
against my ribs

And she who has been quiet for several days
who I have already thought to be too big and fully developed
to move
and from the depths of my stomach to just wave her hand
or prod with her toe
now without warning gives the cat a few hard thumps in return
Maybe she is purring too
from this morning's attentions
and is pleading for more

The moggie jumps back on the windowsill and
disappears into the garden
From there it leaps stealthily behind the greenhouse into the forest

Ärkan uuesti hilisel tunnil
ikka veel värskelt meeles
see varahommikune tervitus
ärkvelolu ja une
kodu ja metsa piiril
Need nurruvad elumärgid –
looma ja lapse
kahekõne
läbi minu

I wake up again much later
with that early morning greeting
on the border between waking and sleeping
home and forest
still fresh in my mind
Those purring signs of life –
dialogue
between animal and child
through me

*

Eestiaegsed floksid
või veelgi vanemad
jälle täies õies
heleroosad tumeroosad lillad valged
kõik ühes klumbis
mu poja pikkused
Floksid
hõljuvad lõunatuules
nagu noore uljaspea mõtted...
Kõik on võimalik
nendes värvides
saja-aastases juurikas
üheksa-aastase poisikese meeles
tumenevate kirsside kuul
kahvatukollase viljapõllu keskel
talus kus kunagi vihma ei saja
kus välgunooled murduvad
vastu meie idealismi
vastu meie aateid
vastu meie otsust
kirjutada kogu argipäeva
tantsida kogu õhukese õhtu
Laulda läbi lõikuskuuöö
kui perseiidide tähesadu
sähvatab pimeduse
täis tuhandeid soove

ॐ

Phlox from the first Estonian independence
or even older
again in full blossom
light-pink dark-pink violet white
as tall as my son
all in one round flowerbed
Phlox
float in the south wind
like the thoughts of a young daredevil...
Everything is possible
in those colours
in that hundred year-old root
in the mind of a nine year-old boy
in the month of darkening cherries
amid a pale yellow cornfield
on a farm where it never rains
where bolts of lightning break
against our idealism
against our ideas
against our resolve
to write the whole workday
dance the whole delicate evening
Sing through the harvest month night
when the Perseids meteor shower
streaks the darkness
full of thousands of wishes

Päike saeb teeraja pooleks
pool varjus pool valguses
Kõnnime mõõgateral
mis helgib me jalge ees

Kuu pleegitab lõikeheina
peegeldab vastu vett
hõbepajude leina
Koliseb paadikett

Ununeb meie retk
maailma lõngakeral
Alles jääb ainult see hetk
kui seisime mõõgateral

The sun cuts the footpath in half
half in light half in shadow
We walk on the edge of a sword
that flashes as we go

The moon bleaches the sedge grass
reflects against the waters
the white willows' sadness
The boat chain clatters

Our journey on this ball of yarn
will fade away to nought
leaving only the moment when
we stood on the edge of a sword

Nägin minagi unes Putinit
just nagu enamik naisi keda tean
Läbi sõja ja surma
läbi võõrvõimu veriste jälgede
tuli ta ühe tippkohtumise järel banketil minu juurde –
valged bufeetelgid
hurmav kevad
vein ja vine
kuskil hõõgusid lõkked...
        Sina ja mina
sosistas ta
        oleme nii üksi ja
        nii kuulsad
        keegi ei mõista meid lõpuni
        Võiksime vähemalt teineteisel olemas olla
Ta vaatas mulle otsa nagu oma tulevasele
nagu Tuhkatriinule
kellele prints just käe põlvele pannud

Ta imbus mu poole läbi lõkkesuitsu
läbi süütuse ja surma
läbi võõrvõimu veriste jälgede
Ja ma teadsin et niipea kui talle korvi annan
tulevad need mustad ja laiaõlgsed kogud
sealt lõkkevalguse ja metsapimeduse piirilt
ja lohistavad mu sünkmusta laande
Teadsin et pean kõikuma jahhi ja ei õhkõrnal piiril
nagu kogu Euroopa
nagu terve maailm
Läbi hirmu ja surma
läbi võõrvõimu veriste jälgede
nägin unes Putinit

ॐ

Even I have seen Putin in a dream
just like most of the women I know
Through war and death
through the bloody trail of a foreign power
he came to me at a banquet after a summit meeting –
white buffet tents
bewitching springtime
wine and haze
somewhere fires were smouldering...
  You and me
he whispered
  we are so alone and
  so famous
  no one understands us entirely
  We could at least be there for each other
He looked at me as if at his intended
as if at Cinderella
on whose knee the prince had just put his hand

He seeped towards me through the smoke
through innocence and death
through the bloody trail of a foreign power
And I knew that as soon as I spurned him
the dark broad-shouldered figures would come
from the boundary between the firelight and the forest darkness
and drag me off into the gloomy black woods
I knew I had to teeter on the wispy border between yes and no
like all of Europe
like the whole world
Through fear and death
through the bloody trail of a foreign power
I saw Putin in a dream

ß

Sünktumedad varjud
liigutasid end õhtu tulles
tantsisid üksteisele lähemale
embasid ja sulasid ühte
igaõhtuseks pilkpimeduseks

Naaberriik hakkas äkki üle ääre ajama
Isegi sada kilomeetrit piirist
meie rahulikus kodulinnas
oli öösiti kuulda naiste appikarjeid
keda purjus mehed koju jõudes kolkisid

Seda oli valus kuulda ja mõnikord panin öösiti
kõrva tropid
Aga hommikul kuulen kuidas tuhat Pihkva naist
sõbrannadele helistavad
        Peksab järelikult armastab
        Järelikult armastab
        Armastab ikka veel!

Löön lehe lahti ja loen
et üks naine oma suudlusega
olevat reetnud riigi

Hommik on kõik varjud lahku ehmatanud
Teeks ühe päeva
ühe minuti
kus kõik meie reedetud riigi abikaasad
suudleksid kedagi teist
Nimetagem seda kas või lunastussuudluseks
kus anname ristilöödule andeks
tema võlad
Kõige vihasem ajakirjanikust alfaisane
kuulutab et tema ei suudle

Dark sombre shadows
shifted with the coming of evening
danced closer to each other
embraced and melted into one
for the nightly pitch-darkness

The neighbouring country suddenly started overflowing
Even a hundred kilometres from the border
in our peaceful home town
cries for help could be heard at night from women
whose drunken husbands pummeled them when they got home

It was painful to hear and sometimes at night I put
earplugs in
But in the morning I hear a thousand women in Pskov
phone their friends
        He beats me so he must love me
        He must love me
        He still loves me!

I open the newspaper and read
that a woman has betrayed her country
with a kiss

Morning has frightened all the shadows away
Let's make a day
a minute
where all the betrayed spouses of our country
kissed someone else
We could even call it a kiss of atonement
where we forgive the crucified
their sins
The most vicious alpha-male journalist
announces that he won't kiss

põhimõtteliselt ei suudle
ei anna andeks
ei anna suud
Ja äkki on kõigile selge
et ta ei oskagi enam
anda

Piiril oli hakanud kasvama hiigelsuuri kärbseseeni
mis muudavad isegi nende meeleseisundit
kes läheneda julgevad
Ühe suure seene all läksidki asjad segi:
kas seisti siin- või sealpool piiri
kas oldi mehed või naised
omad või vaenlased
noored või vanad
väiklased või suuremeelsed
surelikud või...

Üks röövis teise
teise kes mitte kunagi ei hõiska
        Röövib järelikult armastab!

Kõrval kõrkjates suudles üks paarike –
üks ühelt teine teiselt poolt piiri
Nad rüselesid ja reetsid
reetsid ja rüselesid
nagu need miljardid
kes kunagi ei väsi röövimast
teise südant
ega aega
keha
tähelepanu
armastust
elu

as a matter of principle won't kiss
won't forgive
won't give a kiss
and suddenly it's clear to everyone
that he doesn't even know any more how to
give

At the border giant fly agaric mushrooms have begun growing
that alter the mental state of even those
who dare just to approach
It was in fact under one big mushroom that things got confused –
were they standing on this or that side of the border
were they men or women
our own or the enemy
young or old
petty or magnanimous
mortal or...

One carried off another
another who never cries out
        He's carried me off so he must love me!

Nearby in the rushes a couple was kissing –
one on this side of the border one on the other
They tussled and betrayed
betrayed and tussled
like the billions
that never tire of stealing
another's heart
or time
body
attention
love
life

poolt sinu lapsest
poolt minu lapsest

Inimesed tulevad ja surevad
surevad ja tulevad
Ja äkki pole enam silmi
kuhu vaadata
kõrvu kelle kõrval olla
juuri kelle juurde tulla
suud mida suudelda

Elu on õhuke
lühike
tohutult rahutu...
Üks kaalutaolek
üks rüselus kärbseseene all
üks riigireetmine
suuandmine
annab sellele kaalu
paneb märgi maha
ja piir põrub paika

Need kes tahavad
leiavad teineteist
ka pärast leinaminutit
ka pärast lunastussuudlust

half of your child
half of my child

People come and die
die and come
and suddenly there are no more eyes
to look at
ears to be at the ear of
roots to come to the root of
lips to put lips to

Life is flimsy
short
immensely turbulent...
A weightless state
a tussle under a fly agaric mushroom
an act of treason
kissing
gives it weight
puts a marker down
and the border judders into place

Those who want to
will find each other
even after a moment of silence
even after a kiss of atonement

Viisteist aastat olen püüdnud tundma õppida
meessugu
seda huvitavaimat loomariigis
Isegi Sina mu kallis
ajad rannas ennastunustavalt juttu
šokolaadipruuni nabarõngas neiuga
kui mina olen ometi mediteerinud
ja koristanud
meile hommikusöögi teinud
Olen olnud suht rahulik
ja hoidnud meelt selge
Mu liivakarva juuksed on lahti ja rannalinal istudes
pühivad nad luiteid
Sulen silmad
et mitte näha
kuidas nabarõngas päikeses kiiskab
et mitte märgata su minu poole pööratud selga
Sulen kõrvad
et mitte kuulda
kahe juhuslikult kohtunu rõõmsat naeru

Üle liiva
meie vahelt läbi
jookseb mu armukadeduse
must lesk

ℒ

For fifteen years I have been trying to discover the truth about
the male sex
the most interesting facet of the animal kingdom
Even you my love
are chatting with abandon on the beach
to a chocolate-brown navel-ringed girl
when after all I have meditated
and tidied up
made breakfast for us
I have been quite calm
and kept my mind clear
My sand-coloured hair is loose and sweeps the dunes
as I sit on a beach blanket
I close my eyes
so as not to see
how the navel ring glints in the sun
so as not to notice your back turned to me
I close my ears
so as not to hear
the joyful laughter of two people who have met by chance

Over the sand
between us
runs the black widow
of my jealousy

*

Sina sirel õitsed siin sedasi
mõned lillakad õienupud veel armsalt kinni
ladvapoolsed õied juba heldelt valla

Sääski tekitav tiik
Oksendamiseni laksutavad ööbikud
Kas pole siis suul sulgejat
nokal kinninöörijat?
Kas ei saa neid õisi ketti panna
et nad jälle ei avaneks
et see kevad jälle ei tuleks
oma valgusega mu lugemisõrnu silmi
pimestama
oma noorusega mind nöökima
oma armsusega mind kadedaks tegema

Sina sirel
õitsed siin sedasi
Mu kontsad vajuvad mutimullahunnikutest läbi
kui lähen üle nurme
Mu saapaninad vajuvad sügavale porri
kui tõusen kikivarvukile
et küündida sind nuusutama
Mu seljast käib läbi mitu valusat naksatust
Tunnen nagu tiksuks kuskil mu lülide vahel vana kell
oma tolmunud tunde
tiksuks lähenevat reumat ja radikuliiti
Mu seljast käib läbi mitu valusat naksatust
kui kummardan
sirel
su ette

ℒ

Lilac you blossom here like this
some of your purplish buds still endearingly closed
blossoms higher up already lavishly open

A mosquito-producing pond
Sickening song of nightingales
Is there no one to shut them up
no one to bind their beaks up?
Can those blossoms not be put in chains
so they don't open up again
so this spring doesn't come again
with its light to blind my eyes
delicate with reading
To taunt me with its youth
to make me envious of its charms

Lilac
you blossom here like this
My heels sink in through the molehills
when I go over the meadow
The toes of my boots sink deep in mud
when I rise tiptoe
to stretch up and smell you
Several painful clicks pass through my back
I feel as if somewhere between my vertebrae an old clock is ticking
its dusty hours
ticking down my approaching rheumatism and radiculitis
Several painful clicks pass through my back
when I bow down
lilac
before you

KÄSMU

Sel öösel kui ihusid nuge
olin mina kõik unustanud
Istusid ja vaatasid mind
valgustasid küünlaga mu magavat nägu
otsisid kättemaksu märke
mida polnud

Hommikul võtsin su tassist paar lonksu musta kohvi
ja me kahlasime käsikäes
läbi madala mere Kuradisaarele

Siin elavat kurat
kes sööb inimeste silmi
paneb rästikusilmad asemele
ja saadab siis tagasi mandrile
armastust kadeduseks
magusat õnne kibeduseks muutma
Kõndisime ettevaatlikult suurte kivide vahel
ega puutunud temaga kokku

Õhtul jalutasime veel neliteist kilomeetrit
ja Vergi poole vaadates mõtlesin
et loojuva päikese kuma kaob nagu meie eludki

Süttis põles kustus
oli kirjutatud ühe kapteni hauale
kabeliaias

Vaatasin Mohni poole
Püüdsin aimata majaka
tuttavaid südametukseid
üle hämarduva lahe

KÄSMU SEA CAPTAINS' VILLAGE

That night as you sharpened knives
I had forgotten everything
You sat and watched me
shed light on my sleeping face with a candle
sought signs of revenge
that weren't there

In the morning I took a couple of sips of black coffee from your cup
and we waded hand in hand
through the shallow sea to Kuradisaar island

Here the devil is said to live
who eats people's eyes
puts viper's eyes in their place
and sends them back to the mainland
to turn love into jealousy
sweet happiness into bitterness
We walked carefully between the big stones
and didn't run into him

In the evening we walked another fourteen kilometres
and looking towards Vergi village I thought
that the glow of the setting sun will disappear just like our lives

Lit up – blazed – went out
is written on the grave of one captain
in the churchyard

I looked towards Mohni island
and tried to make out the lighthouse's
familiar heartbeats
over the darkening bay

Tagasi tulles olid kõik mändidealused
grillivaid kirjanikke täis
Meremuuseumi juhataja jalutas Iiri setteritega mööda
põu uusi muinasaardeid täis ja hõikas üle aia
et tegi mu karmoška õlarihma korda
tulgu ma järele

Öösel leiab tuul ikka mida kolistada
Muidu magasin hästi
Ärgates ei liigutanud ennast kaua
Lebasin päranisilmi
Kes ma olen?

When we got back it was full of writers
busy grilling under the pine trees
The director of the Maritime Museum walked past with his
    Irish Setter
his arms full of new ancient treasures and he called over the fence
that he had fixed the strap of my garmoshka accordion
and I should go and pick it up

At night the wind always finds something to clatter
Otherwise I slept well
When I woke I didn't move for a long time
I lay there eyes wide open
Who am I?

MOHNI

1

Elame üleni hetkes
homsele mõtlemata
Igal õhtul tõuseb kuu valge soolatombuna
mustava mere kohale
Iga päev toob uusi merehädalisi
kes lahkudes jätsid meile oma üleliigsed varud

Elame nagu kajakad kaljul
sellest mida meri annab
ja õhust nokka visatakse

Elame nagu aegade alguses
Paljajalu
käekelladelt pudenenud
seierite prügis

MOHNI ISLAND

1

We live completely in the moment
with no thought of tomorrow
Every evening the moon rises like a white lump of salt
over the blackening sea
Every day brings new sailors in distress
who leave us their excess supplies when they go

We live like seagulls on a cliff
from what the sea gives us
and what the air throws into our beaks

We live as if at the beginning of time
Barefoot
in the debris of hour and minute hands
fallen off wristwatches

2

Jumal
sa oled kudunud seda kosmost
nagu suurt kirjut kangast
Või on see su jumalanna kätetöö?
Kõik need väiksed tähed
täiuslikult tumedal taustal
ja meie siin kuumaval paadisillal
ploomimahlapeekrid käes
kodulinn silmapiiril
lõõskamas ja lõrisemas
tulime korraks tagasi siia saarele
korraks
Aeg maksab nüüd kulla hinda

Öösel jooksime läbi saare
mööda luiteid
tumedaid kährikuteid
kajakate tiivasirutuskive
linavästrike hüppejälgi märjal liival
Jooksime läbi saare
südamed vere punaveinist purjus

94

2

God
you have woven this universe
like a big motley cloth
Or is it the handiwork of your goddess?
All those little stars
on a totally dark background
and us here holding beakers of plum juice
on a pier that is radiating warmth
hometown on the horizon
glowing and growling
we came back to this island for a little while
just a little while
Time is worth gold these days

At night we ran through the island
along the dunes
the dark paths of raccoon dogs
the gulls' wing-stretching stones
the tracks of hopping wagtails on the wet sand
we ran through the island
hearts drunk on blood's red wine

3

Ootame valget laeva
Pesuköögi tahmunud aknal
Mu kleidiäär on kui sääsevõrk
ja ohakad vaasis lõhnavad mesimagusalt

Ootame valget laeva kuigi teame
et lähedale jõudes muutub see
jahuhalliks aluseks
lootsikuks
mis lämmatab oma lihtsusega
viimsegi lootuse

Nutame
nutame merd

Verekarva päike vajub
lõikeheinapuhmaste taha
ja suur soolane meri
lubab ikka veel loota

3

We wait for the white ship
at the laundry room's sooty window
The hem of my dress is like a mosquito net
and the thistles in the vase smell honey-sweet

We wait for the white ship although we know
that as it gets closer it will change
into a floury-grey vessel
a skiff
that with its simplicity will smother
any lingering hope

We weep
we weep the sea

The blood-red sun sets
behind clumps of fescue
and the great salt sea
still lets us hope

4

Kes ihus mu unede nooli?
Kes kobistas ringi mu südame segamini tuulekojas?
Mitu mõõtu mett ja soola
sellel saarel on söödud?

Nüüd loon uut kodu
Siin mõõtmatul mandril
kodu udusest kaosest
pesapaika vanast padrikust
armastuse jaoks mis on ikka veel ootel
ihu-uut kodu
uut õrt õnnele õõtsumiseks

4

Who sharpened the arrows of my dreams?
Who fumbled about in my heart's cluttered storm-porch?
How many measures of honey and salt
have been eaten on this island?

Now I am creating a new home
here on the immeasurable mainland
a home out of hazy chaos
a nest out of an old thicket
for love that is still waiting
a brand new home
a new beam for fortune to swing on to and fro

5

Päike kukub libiseb vajub
härmatanud Luigelahe taha
Veel näen ta säravaid sõrgu
kaldapealsel pruunikal jääl

Siis sulab kõik lahti
Nähtamatu lehvik liigutab õhku lõhe
ürgpimedusse veel ühe päeva

Vihm ajab ojad üle kallaste
ning kukeharjad ja majakakiiver
seiravad alandlikult alasti taevast

Kusagil kaugel
kõrguvad mu kannad kontsakorstnatel
ja kell on uuristanud mu randmele vereva ajajälje

Millise hoovuse vastu panna kõrv?

5

The sun falls slides sinks
behind frost-covered Luigelahe
I can still see its luminous hooves
on the brownish ice on the shore

Then everything thaws
An invisible fan moves air into the chasm's
primeval darkness for yet another day

The rain drives streams over their banks
and stonecrops and the lighthouse roof
humbly follow the naked sky

Somewhere far away
my heels loom high on chimneys
and my watch has carved time's blood-red trail on my wrist

Which current should I put my ear to?

Kuulates tuult ja naabri trimmerit
mõtlen kas ikkagi piiran ennast
Jooksen hoovile
laste kiik on kõikuma löönud
Hallid pilved sõuavad üle juulitaeva
nagu õhku hiivatud mererannakivid
mõned kajakad näitavad
mööda kihutades
eriti lähedalt
oma heledat kõhtu

Tuleb longus sinise pesunööri õhtu
ja tuul valjeneb üha
Laualina ja võililleseemned
angervaksaebemed ja isegi mõned
kitkutud karikakra õielehed
surnud liblikad ja naabri trimmerdatud päevakuiv
hein
lendlevad tuules
Kuid mind
kuid mind see ikkagi lendu ei kanguta
Mu süda on suure koopasauna keris
Tule kas või kibekülmal
tuulevaiksel ööl
Ma olen kohal ja kuuman
tuhandeaastast truudust

ℒ

Listening to the wind and the neighbour's trimmer
I wonder if I will still restrain myself
I run into the yard
the children's swing has started swaying
Grey clouds drift across the July sky
like coastal stones heaved up into the air
a few gulls
speeding by
especially close
show their bright bellies

A sagging blue clothesline evening comes
and the wind keeps getting louder
A tablecloth and dandelion seeds
bits of meadowsweet and even some
plucked camomile petals
dead butterflies and the neighbour's sun-dried
cut grass
float in the wind
But I
but I am not prised into the air by it
My heart is a big pile of sauna stones
Come then even on a bitter cold
wind-still night
I will be there heating
thousand-year-old faithfulness

Kuhu sa suubud naiselikkuse ürgjõgi?
Kui kaua jaksan veel ujutada sinus oma
pähklikoorest laevukest?
Kuhu kandub sugupooltevaheline sõda?
Kus on järgmine lahinguväli?
Kes on keskmised kes koju tulevad?

Kuhu jätsin selle karusnahkse kehakatte
mille all oli alati julge olla?
Julge ja soe...
See vedelab all jõe ääres paleoliitilisel kivil
seal kuhu selle panin miljard kevadet tagasi
Veel pole sellel kivistunud sauruse sabajälgi
veel pole see tolmu varisenud

All jõe ääres paleoliitilisel kivil
sirelite südantseiskavas lõhnas
ajan oma amatsoonikuue selga

Sillerdav päikseline jõgi
lund sulatav jäätükke tantsitav
vaba jõgi
Las need kes soovivad jäävad maha
pudrupadasid pesema ja vanaks saama
pärlivöösid tikkima ja palvetama
Kõik mida vajan
on liikumine ja laul
õrn ürgvana nahk
vaba ja selge vesi

ॐ

Where are you flowing primeval river of womanhood?
How long will I manage to keep floating my
little nutshell ship on you?
Where will the war between the sexes carry us?
Where is the next battlefield?
Who will keep safe in combat and come back home?

Where did I leave that fur body-covering
it always felt safe to be in?
Safe and warm...
It's lying around down at the river's edge on a palaeolithic stone
there where I put it a billion springs ago
That still has no fossilised dinosaur tail tracks
That still hasn't crumbled into dust

Down at the river's edge on a palaeolithic stone
in the heartstopping scent of lilacs
I put on my Amazon tunic

Shimmering sunny river
making snow melt and ice dance
free river
Let those who wish stay behind
to wash porridge pots and grow old
stitch pearl belts and pray
All I need
is movement and song
delicate primeval skin
free and clear water

ℒ

Puudutasid mind õlast ja naeratasid
Sel hetkel tundsin
et laul on tagasi
Kaugelt üle hämarduva Võrumaa
viskusid mu poole viisid

Olin unustatud hing
Või mäletasid sina mind kogu aeg?

Neelatan
Meenutan
Puuris piiksatab küülik
Anna meile andeks meie võlad
Halasta ka kolmele lõvile
Kastan huuled külmuvasse silmaallikasse
Hingan sisse esimest viisi

Kaseraiesmik
Külmunud lombid kuivanud kändude vahel

Raginal astud sa
karmoška õlal
mu poole

Värav ulvatab
Kui paljastan õlad
tundub suvi lähemal

Kirjutame
kui mitte teisiti siis pudelipostiga

Sina sealt õnnelikemaalt
Mina siit kõlvatu sügise sooaurudest

⌀

You touched me on the shoulder and smiled
At that moment I felt
song had returned
From far away over darkening Võrumaa
tunes hurtled towards me

I was a forgotten soul
Or did you remember me all along?

I swallow
I recall
A rabbit squeaks in its hutch
Forgive us our debts
Have mercy on the three lions as well
I dip my lips into the freezing spring
I breathe the first tune in

Birch wood clearing
Frozen puddles between dried out stumps

With a crackling you stride
towards me
garmoshka on your shoulder

The gate screeches
When I bare my shoulders
the summer seems closer

We'll write
if not otherwise then by bottle post

You from the land of the happy over there
I from vile autumnal marsh gases over here

ᴓ

Raagus puud sirutavad udupeeni sõrmi
Soe soolane tuul sasib juustest kinni
Lumesadu on nii aeglane et unustan rutu

Kui kaugelt peame tulema et hõigata
    Siin ma nüüd olen!
Kui lähestikku peame seisma
et sosin ei lukustaks kõrvu?

Kevad kallab meid oma kullaga üle
Ajame sõrad aja ülemvõimule vastu
kavaldame korraks üle küberilma
ja kohtume päriselt

Rohtugu meie selja taga rajad
kasvagu paadisadamad kõrkjatesse
sammaldagu meretagused tiivasirutuskivid
Seisame nõiutult märtsi viimases lõrtsisajus
ega kuku kunagi tagasi sellesse talve

℧

Bare trees stretch their feathery-fine fingers
A mild salty wind grabs hold of my hair
The snowfall is so slow that I forget my haste

How far do we have to come to call out
       Here I am now!
How close do we have to stand
so that whispering doesn't deafen us?

Spring pours its gold over us
We'll dig our hooves in against time's dominion
We'll outwit the cyberworld for once
and really meet

Let grass grow over the paths behind us
the boat landings be overgrown with bulrushes
the wing-stretching stones beyond the sea be covered in moss
Let us stand bewitched in the last sleet of March
and never fall back into this winter

Kᴙɪsᴛɪɪɴᴀ Eʜɪɴ has an MA in Comparative and Estonian Folklore from the University of Tartu and in her native Estonian she has to date published seven volumes of poetry, three books of short stories, a retelling of South-Estonian folk tales and a book of autobiographical reflections.

Kristiina has eight books of poetry and four of prose published in English translation. *The Drums of Silence* (Oleander Press) was awarded the British Poetry Society Popescu Prize for European Poetry in Translation, and *The Scent of Your Shadow* (Arc) is a British Poetry Book Society Recommended Translation. *1001 Winters* (Bitter Oleander Press) was shortlisted for the Popescu Prize. Her work has been translated into twenty languages.

She is a highly acclaimed performer of her poetry, prose and drama and travels extensively around Estonia and abroad to perform her work, sometimes accompanied by musicians. She is a member of the contemporary folk group Naised Köögis.

Kristiina is Professor of Liberal Arts at the University of Tartu.

Iʟᴍᴀʀ Lᴇʜᴛᴘᴇʀᴇ is a translator of Estonian literature, mainly poetry, into English. He has translated twelve books by Kristiina Ehin, both poetry and prose, and his translations of her work have won a number of prizes. Their collaboration is ongoing.

Wandering Towards Dawn (Lapwing) is a volume of Sadie Murphy's original poetry and English versions of Ilmar Lehtpere's Estonian poems. It has been translated into Macedonian and Romanian.